Vorwort

Die vorliegende Chor-Liturgie wendet sich an alle deutschsprachigen reformierten Kirchenchöre und Kantoreien. Sie möchte sowohl der musikalischen Bereicherung der Gottesdienste als auch einem (im traditionellen Sinn) formal geschlossenen und vollständigen liturgischen Ablauf dienen.

Die Liturgie als Ganzes wurde hauptsächlich in einem klassisch zu nennenden Stil verfasst. Wo sie versucht, zwischen klassischem Stil und traditionellen Melodie-Elementen eine Verbindung zu schaffen, verbindet sie zudem Chor- und Gemeindegesang auf verschiedene Weise (antwortend – im Dialog – gemeinsam). Sollte die Gemeinde bei ihren selbständigen Elementen Unterstützung benötigen (so z. B. zu Beginn des Kyrie oder des Sanctus), können diese Elemente auch vom Kantor oder dem ganzen Chor mitgesungen werden. Zu Beginn des Sanctus wurde die gängige Melodie aus RG 307 zitiert.

Bei der Vertonung der einzelnen Elemente wurde versucht, eine Balance zwischen möglichst aussagekräftigen musikalischen Formen und einer nicht zu langen, die Liturgie im Fluss haltenden Dauer zu wahren.

Da die Liturgie für jeden beliebigen Gottesdienst (ggf. mit Abendmahl) verwendbar sein soll, sind nicht alle musikalischen Elemente festgelegt worden. Frei zu wählen sind neben den Gemeinde-Liedern auch Ein- und Ausgangs- und Zwischenspiele der Orgel (für die sich vor allem Werke oder Improvisationen im klassischen Stil empfehlen) sowie die musikalische Begleitung des Abendmahls. Für die freie Orgelmusik nach den Fürbitten von ca. 1–2 Minuten Dauer wurde ein nicht bindender Vorschlag gemacht (s. «Cantabile» in der separaten Orgelstimme: als Download erhältlich unter www.liturgieboerse.ch.

Im Chorsatz wurde vor allem auf möglichst leichte Singbarkeit und kleine Stimmumfänge geachtet. Natürlich können die einzelnen Stücke auch transponiert werden. Um den Umfang des Soprans in der Höhe nicht über f" steigen zu lassen, wurde das Sanctus in der Chorpartitur daher in B-Dur notiert; die separate Orgelstimme (s. Download) enthält aber ebenfalls eine Fassung in C-Dur, falls das g" ohne Mühe erreicht werden kann. In der Tiefe (v. a. in den Bässen) wurden bei allen Passagen, die unter G hinabsteigen, Oktavierungsvorschläge gemacht. Die Sänger werden diese Töne je nach Möglichkeit unter sich aufteilen.

Die Orgelbegleitung ist idealerweise mit dem Pedal zu spielen, das jedoch möglichst einfach und parallel zur linken Hand geführt ist. Versierte Organisten können auf diese Verdopplung nach Belieben verzichten und das Pedal auch immer wieder obligat führen. Bei einer Begleitung ganz ohne Pedal oder am Klavier sollte die unterste Stimme der linken Hand dagegen an wichtigen Stellen mit zusätzlichen Bass-Oktaven verdoppelt werden.

Die dynamischen Angaben im Orgelpart sind eher allgemeiner Art und können je nach Möglichkeiten des Instruments bzw. am Klavier selbstverständlich modifiziert oder verfeinert werden.

Die vorliegende Partitur enthält die Stimmen von Gemeinde (abgekürzt Gem.), Chor (abgekürzt S. A. T. B.) und Orgelbegleitung. Das gesamte Aufführungsmaterial, darunter die separate Orgelstimme und vier verdoppelnde Instrumentalstimmen, ist unter www.liturgieboerse.ch als Download erhältlich.

Thomas Leininger

1. KYRIE

2. GLORIA

Text: Liturgie. Deutsche Fassung
Musik: Thomas Leininger

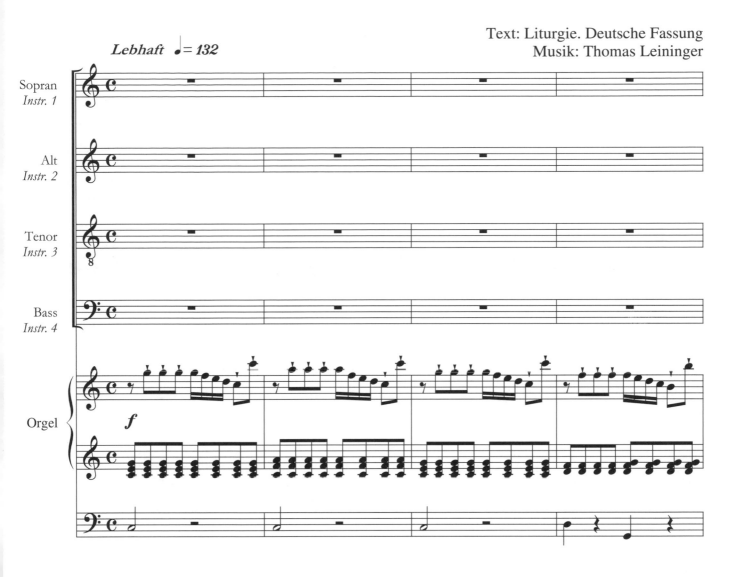

Wir lo-ben dich, wir prei-sen dich, wir

lo-ben dich,___ wir prei-sen dich,___ wir be-ten dich an, wir

Wir lo-ben dich, wir prei-sen dich, wir

lo-ben dich,___ wir prei-sen dich,___ wir be-ten dich an, wir

rüh-men dich und dan-ken dir, denn gross ist dei-ne Herr-lich-keit:

rüh-men dich und dan-ken dir, denn gross ist dei-ne Herr-lich-keit:

rüh-men dich und dan-ken dir, denn gross ist dei-ne Herr-lich-keit:

rüh-men dich und dan-ken dir, denn gross ist dei-ne Herr-lich-keit:

7

8

9

3. HALLELUJA

Fröhlich

Musik: Thomas Leininger

Gemeinde: Hal-le - lu - ja! Hal-le - lu - ja! Hal-le-

Sopran / Instr. 1: Hal-le - lu - ja! Hal-le - lu - ja! Hal-le-

Alt / Instr. 2: Hal-le - lu - ja! Hal-le - lu - ja! Hal-le-

Tenor / Instr. 3: Hal-le - lu - ja! Hal-le - lu - ja! Hal-le-

Bass / Instr. 4: Hal-le - lu - ja! Hal-le - lu - ja! Hal-le-

Orgel: *f*

4. GLAUBENSBEKENNTNIS
(CREDO)

Feierlich ♩= 98

Musik: Thomas Leininger

Chris-tus, sei-nen ein-ge-bor-nen Sohn, un-sern Herrn, emp-fan-gen durch den Heil-gen

Geist, ge-bo-ren von der Jung-frau Ma-ri-a, ge-lit-ten un-ter

16

Pon - ti - us Pi - la - tus, ge - kreu - zigt, ge - stor - ben und be - gra - ben, hin-

ab - ge - stie - gen in das Reich des To - des, am drit - ten Ta - ge auf - er-

Gem. che, Ge - mein-schaft der Hei - li - gen, Ver - ge - bung der Sün - den, Auf - er - ste - hung der

S. che, Ge - mein-schaft der Hei - li - gen, Ver - ge - bung der Sün - den, Auf - er - ste - hung der

A. che, Ge - mein-schaft der Hei - li - gen, Ver - ge - bung der Sün - den, Auf - er - ste-hung der

T. che, Ge - mein-schaft der Hei - li - gen, Ver - ge-bung der Sün - den, Auf - er - ste-hung der

B. che, Ge - mein-schaft der Hei - li - gen, Ver - ge-bung der Sün - den, Auf - er - ste-hung der

Org.

Gem. To - ten und das e - wi - ge Le - ben. A - men.

S. To - ten und das e - wi - ge Le - ben. A - men.

A. To - ten und das e - wi - ge Le - ben. A - men, A - men.

T. To - ten und das e - wi - ge Le - ben. A - men.

B. To - ten und das e - wi - ge Le - ben. A - men.

Org.

20

5. Fürbitten

Nach der ersten Fürbitte

Musik: Thomas Leininger

Nach der zweiten Fürbitte

22

Nach der dritten Fürbitte

Gem. Wir bit - ten dich, er - hö - re uns.

S. Wir bit - ten dich, er - hö - re uns.

A. Wir bit - ten dich, ____ er - hö - re uns.

T. Wir bit - ten dich, ____ er - hö - re uns.

B. Wir bit - ten dich, ____ er - hö - re uns.

Nach der vierten Fürbitte

Nach der fünften Fürbitte

25

6. Musik nach Fürbitten und zur Gabenbereitung
(s. Orgelstimme)

7. SANCTUS

S. in der Hö - - - he!

A. in der Hö - he!

T. in der Hö - - he!

B. in der Hö - he!

Org.

8. AGNUS DEI

Text: Liturgie. Deutsche Fassung
Musik: Thomas Leininger

Christe, du Lamm Got - tes, der du trägst die Sünd der Welt, er-barm dich un - ser.

er-barm dich un - ser.

er-barm dich un - ser.

er-barm dich un - ser.

34